8° F Plein
1385

CHAMBRE DE COMMERCE
DE DIJON

DÉPOT LÉGAL
CÔTE-D'OR
N° 2 J/
1888

DE LA

PROPRIÉTÉ INDUSTRIELLE

RAPPORT

DE M. THÉODORE REGNIER

DIJON
IMPRIMERIE DARANTIERE
65, RUE CHABOT-CHARNY, 65

1888

CHAMBRE DE COMMERCE
DE DIJON

DE LA

PROPRIÉTÉ INDUSTRIELLE

RAPPORT

DE M. THÉODORE REGNIER

DIJON
IMPRIMERIE DARANTIERE
65, RUE CHABOT-CHARNY, 65

—

1888

CHAMBRE DE COMMERCE
DE DIJON

Séance du 16 juin 1888

DE LA PROPRIÉTÉ INDUSTRIELLE

M. le Président donne connaissance d'une circulaire par laquelle M. le Ministre du Commerce et de l'Industrie demande l'avis de la Chambre de commerce sur le projet de loi de la Commission du Sénat concernant la propriété industrielle.

Ensuite lecture est donnée du texte de la proposition de loi sur les marques de fabrique ou de commerce, le nom commercial ; la raison de commerce et le lieu de provenance, relative aux fraudes tendant à faire passer pour français des produits fabriqués à l'étranger ou en provenant.

TITRE Ier

DE LA CONSTITUTION ET DU DROIT DE PROPRIÉTÉ DES MARQUES

ART. 1er. — Les marques peuvent être employées de deux façons différentes : comme marques de fabrique et comme marques de commerce.

La marque de fabrique est celle qui est employée par le fabricant, le producteur ou l'exploitant comme signe distinctif des produits de sa fabrication, de sa production ou de son exploitation, que ces produits soient créés de toutes pièces ou simplement transformés, ouvrés ou manufacturés dans ses ateliers ou usines.

La marque de commerce est celle que peut employer un négociant, marchand ou commissionnaire, comme signe distinctif des produits qu'il achète, pour les revendre sous sa responsabilité et sa garantie.

Toute marque appliquée sur un objet ou sur son enveloppe devra être accompagnée d'une façon apparente de la mention de *M de F*, s'il s'agit d'une marque de fabrique et de la mention *M de C*, s'il s'agit d'une marque de commerce.

ART. 2. — La marque de fabrique et la marque de commerce sont facultatives.

Toutefois, des décrets rendus en la forme des règlements d'administration publique peuvent exceptionnellement rendre leur emploi obligatoire pour les produits qu'ils déterminent.

Sont considérés comme constituant des marques de fabrique ou de commerce : les noms sous une forme distinctive, les dénominations, si elles ne sont pas des désignations nécessaires, étiquettes, enveloppes, formes caractéristiques, cachets, vignettes, lisières, liserés, combinaisons de couleurs, dessins, reliefs, lettres, chiffres, devises, pseudonymes, noms imaginaires, signatures, et en général tout moyen matériel servant à distinguer les produits d'une fabrique, d'une exploitation agricole, forestière ou extractive et les objets d'un commerce.

L'emploi des décorations françaises conférées par l'Etat est interdit comme marque ou composant de marque.

ART. 3. — Le droit de propriété d'une marque ne s'étend pas au delà du ou des genres d'industrie ou de commerce pour lesquels la marque est déclarée et employée.

TITRE II

DU DÉPÔT DES MARQUES ET DE SES FORMALITÉS

ART. 4. — Nul ne peut revendiquer la propriété exclusive d'une marque ni exercer aucune action contre les atteintes portées à cette propriété, s'il n'a fait au dépôt central des marques désigné par le règlement d'administration publique le dépôt des pièces suivantes :

1º Trois exemplaires de la marque collée sur le papier réglementaire, avec les explications inscrites par le déposant sous sa responsabilité et avec l'indication du ou des genres d'industrie ou de commerce en vue desquels le dépôt a été opéré ;

2º Un cliché typographique de ladite marque :

3° Un récépissé du montant de la taxe, des frais de publication et de poste ;

Il sera perçu en dehors des frais de publication et de poste un droit fixe de 10 fr., dans lequel seront compris les frais de timbre et d'enregistrement.

Art. 5. — Le dépôt peut être fait :

1° Par la poste, sous pli recommandé ;

2° Par le propriétaire lui-même, au bureau central ;

3° Par un fondé de pouvoirs muni d'une procuration spéciale qui demeurera annexée au procès-verbal de dépôt.

Le préposé de l'administration n'a aucun droit de contrôle sur la teneur du dépôt.

Il ne vérifie que les conditions matérielles imposées aux pièces du dépôt par la présente loi.

Il remet, séance tenante, ou envoie par la poste également sous pli recommandé, à l'ayant droit, suivant le mode de dépôt choisi par celui-ci, l'un des exemplaires de la marque sur lequel il inscrit le jour et l'heure du dépôt et applique son visa accompagné du timbre administratif.

Art. 6. — L'acte de dépôt sera publié dans les dix jours, dans la feuille officielle affectée à la propriété industrielle.

Nul ne peut exercer l'action résultant des délits prévus et définis par l'article 25 de la présente loi, s'il ne s'est écoulé dix jours après la publication et pour les faits postérieurs à l'expiration de ce délai. Toutefois, la remarque déposée peut être revendiquée avant que le dépôt n'ait été rendu public ; dans ce cas, les délits commis postérieurement à la revendication par celui contre qui elle a été exercée pourront être poursuivis même avant la publication.

Art. 7. — Celui qui le premier a fait l'usage public d'une marque en a seul la propriété.

La nature du produit sur lequel la marque est apposée ne peut faire, en aucun cas, obstacle au dépôt de la marque et à sa revendication.

Le seul emploi par un tiers d'une marque non déposée, fait de bonne foi, ne donne lieu à aucune action.

TITRE III

DURÉE ET VALIDITÉ DES MARQUES

Art. 8. — Le dépôt est valable pour quinze ans, mais il peut être indéfiniment renouvelé.

Il peut être annulé, soit par la volonté du déposant, soit par autorité de justice. Dans les deux cas, la radiation est portée en marge de l'acte de dépôt et rendue publique dans les mêmes formes que le dépôt lui-même.

Dans le cas où il serait annulé par autorité de justice comme contraire à l'ordre public ou aux bonnes mœurs, le tribunal ordonnera, en outre, la destruction du corps du délit.

Art. 9. — En cas de non renouvellement, la marque ne tombe définitivement en déchéance et ne devient libre qu'après une période de deux ans.

Les numéros des marques dont le dépôt n'aura pas été renouvelé à l'expiration du délai de quinze ans seront portés à la connaissance du public par avis inséré dans la feuille officielle affectée à la propriété industrielle par le règlement d'administration publique.

Art. 10. — Les registres contenant les marques déposées sont publics et peuvent être consultés au moyen d'un catalogue tenu constamment à jour.

Le dépôt central est tenu de délivrer à toute personne qui la requiert une expédition de l'acte de dépôt, dans les conditions déterminées par le règlement d'administration publique.

Art. 11. — Les prescriptions édictées par l'article 1er paragraphe 4, par l'article 2 paragraphe 4, et par l'article 4, sont obligatoires pour le déposant, sous peine de nullité du dépôt, indépendamment des pénalités portées par l'article 25.

TITRE IV

DU NOM COMMERCIAL, DE LA RAISON DE COMMERCE ET DU LIEU
DE PROVENANCE

Art. 12. — Le nom commercial est le nom simple ou composé, sous lequel les commerçants, industriels, producteurs ou exploitants, exercent les actes de leur commerce, industrie ou exploitation.

La raison de commerce est la dénomination spéciale sous laquelle un établissement industriel, commercial, une exploitation agricole, forestière ou extractive, sont exploités.

Art. 13. — La propriété d'un nom commercial ou d'une raison de commerce appartient à celui qui le premier en a fait usage.

Le nom commercial et la raison de commerce sont soumis à une déclaration préalable, effectuée au dépôt central dans les conditions prescrites à l'article 5.

La publication en est faite conformément aux prescriptions du paragraphe 1er de l'article 6 et sous les sanctions du paragraphe 2 du même article.

A défaut de déclaration, l'ayant droit ne pourra invoquer que les dispositions de l'article 1382 du code civil.

Art. 14. — Nul n'a le droit de se servir du nom d'un lieu de fabrication ou de production pour désigner un produit fabriqué dans un autre lieu, sauf pour l'ayant droit la faculté d'apposer le nom de son établissement principal sur les produits fabriqués en France par lui ou pour son compte dans une autre localité française.

Est réputé lieu de fabrication la ville, la localité, la région ou le pays dont le nom donne au produit sa renommée.

Ce nom appartient collectivement à tous les fabricants ou producteurs de ladite ville, localité, région ou pays.

Art. 15. — La propriété du nom commercial et de la raison de commerce est distincte de la propriété particulière d'un nom employé sous une forme distinctive à titre de marque, dans les termes de l'article 2 de la présente loi.

Art. 16. — Nul ne peut se servir du nom d'un tiers pour la désignation d'un produit, à moins que, par la volonté de ce tiers, ce nom soit devenu la désignation nécessaire et usuelle de ce produit.

Dans ce cas, celui qui se sert d'un tel nom doit y joindre les mentions, indications ou signes suffisants pour empêcher toute confusion sur l'origine du produit.

Art. 17. — Nul ne peut exercer une industrie ou un commerce ou entreprendre une exploitation soit sous une raison de commerce, soit sous un nom commercial, déjà employés dans la même industrie, le même commerce ou la même exploitation, sans les différencier manifestement de manière à éviter toute confusion.

TITRE V

TRANSMISSION

ART. 18. — La propriété des marques de fabrique et de commerce ne peut être transmise qu'avec l'exploitation du produit qu'elles servent à caractériser.

La propriété du nom commercial ou de la raison de commerce ne peut être cédée qu'avec le fonds lui-même et jusqu'à extinction dudit fonds.

La transmission n'a d'effet à l'égard des tiers qu'après le dépôt et la publication d'un extrait de l'acte qui la constate, dans les formes prescrites pour le dépôt de la marque ou la déclaration du nom commercial ou de la raison de commerce.

TITRE VI

DISPOSITIONS RELATIVES AUX ÉTRANGERS

ART. 19. — Les étrangers qui possèdent en France des établissements énumérés au paragraphe 2 de l'article 1er jouissent, pour les produits de ces établissements, du bénéfice de la présente loi en remplissant les formalités qu'elle prescrit.

ART. 20. — Les étrangers et les Français dont les établissements sont situés hors de France jouissent également du bénéfice de la présente loi pour les produits de ces établissements, si, dans les pays où ils sont situés, des conventions diplomatiques ou des lois intérieures ont établi, directement ou indirectement, la réciprocité pour les marques françaises, le nom commercial et la raison de commerce français.

En ce cas le déposant est tenu de faire élection de domicile à Paris, et il est soumis à la juridiction du tribunal civil de la Seine pour toutes actions relatives aux dépôts effectués par lui ou en son nom.

Toute marque de fabrique ou de commerce régulièrement déposée dans ces pays sera admise telle quelle au dépôt central.

ART. 21. — Toute contrefaçon ou imitation illicite des marques, noms commerciaux ou raisons de commerce appartenant aux ayants droit mentionnés à l'article précédent, qui auraient pu être commises en France, à leur préjudice, postérieurement au 23 juin 1857, ne peuvent leur être opposées comme une cause de déchéance.

ART. 22. — L'étranger et le Français dont l'établissement est situé à l'étranger ne peuvent avoir en France, pour leurs marques, leur nom commercial et leur raison de commerce, plus de droit qu'ils n'en ont dans les pays où ils sont établis.

ART. 23. — Tous produits étrangers portant soit sur eux-mêmes, soit sur des enveloppes, bandes ou étiquettes, une marque, un nom ou une mention de nature à faire croire qu'ils ont été fabriqués en France, sont prohibés à l'entrée, exclus de l'entrepôt, doivent être saisis, confisqués en quelque lieu que ce soit, soit à la diligence de l'administration des douanes, soit à la requête du ministère public ou de la partie lésée, lors même qu'ils auraient été expédiés sur l'ordre ou du consentement de l'ayant droit résidant en France.

La présente prohibition s'applique également :

1° Aux produits étrangers portant le nom d'un lieu ou d'une région de fabrication française ;

2° Aux produits étrangers fabriqués dans une localité de même nom qu'une localité française, qui ne porteront pas, en même temps que le nom de ce lieu de fabrication, le nom du pays d'origine.

Sont exceptés les produits étrangers, lorsque les marques et désignations ci-dessus seront accompagnées en caractères apparents de la mention « Importé. »

Dans le cas où la saisie est faite à la diligence de l'administration des douanes, le procès-verbal de saisie est immédiatement adressé au ministère public.

Le délai dans lequel l'action prévue par le présent article devra être intentée, sous peine de nullité de la saisie, soit par la partie lésée, soit par le ministère public, est porté à deux mois.

ART. 24. — Les actions résultant de la présente loi peuvent être exercées par :

1° L'ayant droit à une marque déposée, à un nom commercial, à une raison de commerce, à un lieu de fabrication ou à une région de production ;

2

2° L'acheteur trompé à l'aide de l'une des fraudes énumérées dans les articles 25 et 26 ;

3° Les syndicats professionnels régulièrement constitués ;

4° Toute partie ayant un intérêt né et actuel.

TITRE VII

PÉNALITÉS

ART. 25. — Sont punis d'une amende de 100 à 10,000 francs :

1° Ceux qui ont usurpé ou contrefait, soit tenté d'usurper ou de contrefaire une marque, un nom commercial ou une raison de commerce ;

2° Ceux qui ont frauduleusement apposé sur leurs produits ou les objets de leur commerce une marque, un nom commercial ou une raison de commerce appartenant à autrui ;

3° Ceux qui ont sciemment vendu, mis en vente ou détenu un ou plusieurs produits revêtus d'une marque, d'un nom commercial, d'une raison de commerce contrefaits ou frauduleusement apposés ;

4° Ceux qui, sans contrefaire servilement une marque, un nom commercial, une raison de commerce, en ont fait une imitation frauduleuse de nature à tromper l'acheteur ou ont fait sciemment usage d'une marque, d'un nom commercial ou d'une raison de commerce frauduleusement imités ;

5° Ceux qui ont fait usage d'un nom portant des indications propres à tromper l'acheteur sur la nature ou la provenance du produit ;

6° Ceux qui ont sciemment vendu, mis en vente ou détenu un ou plusieurs produits revêtus d'une marque, d'un nom commercial ou d'une raison de commerce frauduleusement imités, ou portant des indications propres à tromper l'acheteur sur la nature ou la provenance du produit. Ne sont pas considérées comme illicites les mentions en langues étrangères non contraires aux prescriptions de la présente loi ;

7° Ceux qui, contrairement aux prescriptions de l'article 16, ont fait un usage illicite des mentions « façon de..... système de..... procédé de..... à la..... imité de..... imitations de..... » ou toutes autres locutions captieuses propres à tromper l'acheteur sur la nature ou la provenance du produit ;

8° Ceux qui, ayant mis en vente ou reçu en dépôt une ou plusieurs, marques déclarées délictueuses par les paragraphes précédents, un ou plusieurs produits revêtus de telles marques, auront refusé de fournir par écrit au propriétaire de la marque, après en avoir été requis par ministère d'huissier, des renseignements sur le nom et l'adresse de celui ou de ceux qui lui ont vendu ou procuré lesdits produits, le prix, l'époque de la livraison et toutes autres circonstances propres à faciliter la poursuite.

Art. 26. — Sont punis d'une amende de 50 à 1,000 francs :

1° Ceux qui n'ont pas apposé sur leurs produits une marque déclarée obligatoire ;

2° Ceux qui ont vendu, mis en vente ou détenu un ou plusieurs produits ne portant pas la marque déclarée obligatoire pour cette espèce de produits ;

3° Ceux qui auront contrevenu aux prescriptions du dernier paragraphe de l'article 1er ;

4° Ceux qui auront contrevenu aux dispositions des décrets rendus en exécution du deuxième paragraphe de l'article 2 de la présente loi ;

5° Ceux qui auront, mensongèrement et dans une intention frauduleuse, inscrit sur leurs marques ou papier de commerce une mention tendant à faire croire que leur marque a été déposée.

Art. 27. — Dans tous les cas prévus par les articles 25 (§ 1, 2, 4, 5, 7 et 8) et 26 (§ 1, 2, 3 et 4), la preuve de la bonne foi est à la charge du prévenu.

Art. 28. — Les peines portées aux articles 25 et 26 peuvent être élevées au double en cas de récidive. Le tribunal pourra, en outre, prononcer la peine de l'emprisonnement de quinze jours à deux ans.

Il y a récidive, lorsqu'il a été prononcé contre le prévenu, dans les cinq années antérieures, une condamnation pour un des délits prévus par la présente loi.

Art. 29. — Le tribunal peut ordonner l'affichage du jugement dans les lieux qu'il détermine, et son insertion, intégrale ou par extraits, dans les journaux qu'il désigne, le tout aux frais du condamné.

En cas de condamnation correctionnelle, l'insertion et l'affichage sont obligatoirement prononcés.

Les délinquants peuvent, en outre, être privés du droit d'élection et d'éligibilité pour les tribunaux et les chambres de commerce, les chambres consultatives des arts et manufactures et les conseils de prud'-hommes, pendant une période qui n'excèdera pas dix ans.

Art. 30. — La destruction de la marque ou du nom reconnus contraires aux dispositions de l'article 25 doit, même en cas d'acquittement, être prononcée par le tribunal, ainsi que celle des instruments ou ustensiles (moules, outils, matrices, etc., etc.) ayant pour destination spéciale la production de la marque.

Dans le cas où la marque ne pourrait être détruite sans l'objet, l'objet lui-même sera détruit.

La publication de la sentence peut en outre être ordonnée.

Pour l'appréciation des dommages-intérêts, le tribunal pourra ordonner, en matière civile comme en matière correctionnelle, la production des livres de commerce, de la correspondance et commettre un expert, sans préjudice de toutes autres mesures d'instruction.

Au cas où la marque aurait été déposée, il ordonne la transcription de l'extrait du jugement en marge de l'acte de dépôt.

Art. 31. — Dans le cas prévu par les trois premiers paragraphes de l'article 26, le tribunal prescrit toujours que les marques ou mentions déclarées obligatoires soient apposées sur les produits qui y sont assujettis.

Le tribunal peut prononcer la confiscation des produits si le prévenu a encouru, dans les cinq années antérieures, une condamnation pour un quelconque des délits prévus par les deux premiers paragraphes de l'article 26.

TITRE VIII

JURIDICTIONS

Art. 32. — Les actions civiles relatives aux marques sont portées devant les tribunaux civils et jugées comme matières sommaires.

En cas d'action intentée par la voie correctionnelle, si le prévenu soulève pour sa défense des questions relatives à la propriété de la marque, le tribunal de police correctionnelle statue sur l'exception sans que la sentence à intervenir puisse constituer la chose jugée sur la question de propriété.

Art. 33. — Le propriétaire d'une marque peut faire procéder par tous huissiers à la description détaillée, avec ou sans saisie, des produits qu'il prétend marqués à son préjudice et en contravention aux dispositions de la présente loi, en vertu d'une ordonnance du président du tribunal civil de première instance ou du juge de paix du canton, à défaut de tribunal dans le lieu où se trouvent les produits à décrire ou à saisir.

L'ordonnance est rendue sur simple requête et sur la présentation du procès-verbal constatant le dépôt de la marque. Elle contient, s'il y a lieu, la nomination d'un expert pour aider l'huissier dans sa description.

Lorsque la saisie est requise, le juge peut exiger du requérant un cautionnement, qu'il est tenu de consigner avant de faire procéder à la saisie.

Il est laissé, séance tenante, copie aux détenteurs des objets décrits ou saisis, de l'ordonnance et de l'acte constatant le dépôt du cautionnement le cas échéant ; le tout à peine de nullité et de dommages-intérêts contre l'huissier.

ART. 34. — A défaut par le requérant de s'être pourvu, soit par la voie civile, soit par la voie correctionnelle, dans le délai de quinze jours, outre un jour par cinq myriamètres de distance entre le lieu où se trouvent les objets décrits ou saisis et le domicile de la partie contre laquelle l'action doit être dirigée, la description ou saisie est nulle de plein droit, sans préjudice des dommages intérêts qui peuvent être réclamés, s'il y a lieu.

Pendant ce délai, le saisi ne pourra se pourvoir à fins civiles pour faire prononcer la mainlevée ou la nullité de la saisie.

ART. 35. — Les procès-verbaux dressés par ministère d'huissier, à la requête de la partie lésée, pour parvenir à la constatation des fraudes prévues par la présente loi, feront foi de leur contenu devant les tribunaux, pourvu qu'ils aient été signifiés, et que l'action ait été intentée dans un délai de quinze jours à partir du constat. — La preuve contraire sera de droit.

TITRE IX

DISPOSITIONS GÉNÉRALES ET TRANSITOIRES

ART. 36. — Pour pouvoir bénéficier des actions ouvertes par la présente loi, tout dépôt de marque, opéré antérieurement à sa promulgation, devra être complété par la remise au dépôt central d'un cliché de ladite marque et le versement des frais de publication déterminés par le règlement d'administration publique.

Les dispositions de la présente loi ne préjudicient en rien aux droits acquis et dûment conservés par les titulaires de marques déposées en Alsace-Lorraine antérieurement au 10 mai 1871.

ART. 37. — Un règlement d'administration publique déterminera préalablement toutes les formalités et mesures nécessaires à l'exécution de la présente loi et spécialement celles édictées par les articles 4, 6, 9, 10, 13 et 36. La présente loi sera exécutoire dans les quatre mois qui suivront sa promulgation.

ART. 38. — La présente loi sera applicable en Algérie et aux colonies.

ART. 39. — Sont abrogées les dispositions suivantes :

L'arrêté du 23 nivôse an IX relatif à la marque des ouvrages de quincaillerie et de coutellerie ;

Les articles 16, 17 et 18 de la loi du 22 germinal an XI relative aux manufactures, fabriques et ateliers ;

Le décret du 11 juin 1809 contenant règlement sur les conseils de prud'hommes, quant aux articles 4, 5, 6, 7, 8 et 9 de la première section du titre II et à l'article 12 de la deuxième section du même titre ;

Le décret impérial du 5 septembre 1810 concernant les marques à employer sur les pipes ;

Le décret du 25 juillet 1810 qui fixe la lisière des draps-fabrique à Louviers ;

Le décret du 5 septembre 1810 relatif à la répression de la contrefaçon des marques de quincaillerie et de coutellerie ;

Le décret du 1er avril 1811 tendant à prévenir et à réprimer la fraude dans la fabrication des savons ;

Le décret du 18 septembre 1811 qui détermine la marque des savons ;

Le décret du 22 décembre 1812 qui établit une marque particulière pour les savons à l'huile d'olive fabriqués à Marseille ;

Le décret du 22 décembre 1812 portant que toutes les manufactures de drap de l'empire pourront obtenir l'autorisation de mettre à leurs produits une lisière particulière à chacune d'elles ;

La loi de douane du 28 avril 1816 relative à la saisie des tissus étrangers prohibés ;

L'ordonnance du 8-14 août 1816 portant que les fabricants d'étoffes et de tissus de la nature de ceux qui sont prohibés ne doivent mettre dans le commerce ces étoffes et tissus que revêtus d'une marque de fabrication ;

La loi de douane du 21 avril 1817 relative au même objet ;

L'ordonnance du 23-30 septembre 1818 relative à la marque des tissus et tricots en coton et en laine fabriqués dans l'étendue du royaume ;

La loi du 28 juillet 1824 relative aux altérations ou suppositions de noms sur les produits fabriqués ;

La loi du 23 juin 1857 relative aux marques de fabrique et de commerce ;

Ainsi que toutes autres dispositions légales en ce qu'elles ont de contraire aux prescriptions de la présente loi.

Sont maintenues explicitement les lois sur la marque obligatoire non dénommées et la loi du 26 novembre 1873 sur le timbre d'État à apposer sur les marques de fabrique et de commerce.

Vu l'importance de cette proposition,

La Chambre, avant de formuler son avis, charge M. Théodore Regnier d'étudier la question et de préparer un rapport sur ce projet de loi.

Séance du 10 *août* 1888

M. le Président donne la parole à M. Théodore Regnier pour la lecture de son rapport.

MESSIEURS,

La commission du Sénat chargée d'examiner une proposition de loi de M. Bozérian relative aux fraudes tendant à faire passer pour français des produits étrangers, a substitué à cette proposition un projet de loi général sur les marques, le nom commercial, la raison de commerce et le lieu de provenance.

Les auteurs du projet ont eu pour but de faire une loi destinée à garantir rigoureusement l'acquisition, l'usage, et la transmission de la propriété industrielle et commerciale.

La matière n'est actuellement régie que par les lois du 28 juillet 1824 et du 23 juin 1857.

La loi de 1824 est relative aux altérations ou suppositions de noms sur les produits fabriqués; celle de 1857, n'étant ni claire, ni précise, prête à équivoques et présente certaines lacunes qui la rendent complètement insuffisante.

Le rapporteur du projet qui vous est soumis déclare tout d'abord qu'il est absolument nécessaire d'établir une distinction apparente entre les marques de fabrique et les marques de commerce; qu'il faut que l'acheteur soit renseigné sur l'origine du produit qu'on lui vend; qu'il s'agit d'une mesure édictée plutôt dans l'intérêt du consommateur que dans celui du producteur.

Si le législateur considère qu'il est de son devoir de mettre le consommateur en garde contre certains industriels peu scrupuleux qui se prévalent de médailles ou de récompenses qu'ils n'ont jamais obtenues et qui ne craignent point de donner le change sur la provenance et la qualité apparente des produits présentés, il semble qu'il est non moins de son devoir de protéger l'industriel pour qui la probité et l'honneur commercial ne sont point de vains mots. Il devrait avoir pour souci, non point de créer une inégalité choquante, mais bien de tenir la balance égale entre tous les intérêts honnêtes.

Nous avons donc l'honneur de soumettre à votre examen quelques observations sur lesquelles nous croyons devoir attirer votre attention.

ARTICLE 1er. — L'art 1er établit une distinction entre la marque de fabrique et la marque de commerce. Il donne la définition de l'une et de l'autre ; mais il n'est pas sans soulever de graves difficultés, car où cesse l'industrie et où commence le commerce ?

Aux termes du projet, l'industriel qui par suite de grèves, accidents quelconques, force majeure enfin, sera obligé d'avoir recours momentanément à un confrère, se verra forcé d'apposer sur ces produits, non point sa marque de fabrique, mais seulement sa marque de commerce, et cependant n'est-il pas plus intéressé que le consommateur à ce que l'intermédiaire ne nuise point au renom de sa marque?

Mais alors de quelle marque frappera-t-on les produits de l'industriel qui n'a ni usine, ni matériel et qui fait tout fabriquer à façon ? Ces sortes de fabricants sont en nombre considérable, dans l'article de Paris, la coutellerie, le tissage, la cordonnerie, la ganterie et autres articles similaires. Alors pourquoi n'établit-on point de différence entre le fabricant de vins de raisins secs et le producteur de vin naturel?

Si la marque de fabrique doit constituer une propriété certaine et inattaquable, en est-il de même de la marque de commerce qui en réalité n'est qu'une marque de non garantie. N'est-ce point

BIBLIOTHÈQUE R.F. IMPRIMÉS

sous son pavillon que doivent être vendus les produits qui ne peuvent être frappés d'une marque de fabrique ? Ce signe spécial ajoutera-t-il de la qualité aux marchandises de toutes natures offertes par un commerçant ? Est-ce que la meilleure marque de commerce n'est pas la réputation du vendeur, réputation qu'il se gardera bien de compromettre puisqu'il toucherait en même temps à son honneur commercial et à ses intérêts ?

Le consommateur enfin fera-t-il jamais une distinction entre les deux marques pour lesquelles il s'établira une véritable confusion. Aussi nous n'hésitons pas à déclarer que la marque de commerce est sans aucune utilité.

ART. 3. — Dans la pratique l'art. 3 donnera lieu à de nombreuses difficultés. Les modes, les genres, les goûts mêmes changent, aussi est-il peu d'industriels ou de commerçants qui ne puissent être obligés à un moment donné de modifier leur fabrication.

Que feront deux industriels, fabriquant deux genres différents, ayant la même marque et amenés du fait des événements et de la tendance de la consommation, à apporter des changements qui identifieront leurs produits ? Ne voyons-nous pas des filateurs de laine cardée, forcés de produire des laines peignées, des fabricants de tissus de laines, de faire des tissus de cotons ou mélangés de laine et coton, des vinaigriers faire de la moutarde et réciproquement ? Enfin le fabricant qui aura déposé sa marque en déclarant faire des réserves pour les articles qu'il pourra ultérieurement produire, ne se trouvera-t-il pas en conflit avec ceux dont les produits seront similaires ou des dérivés.

ART. 4. — Il résulte des termes de l'art. 4 que le dépôt est une formalité nécessaire pour assurer au titulaire la jouissance de sa propriété et le droit d'en interdire l'usage à un concurrent ; que par conséquent ce dépôt est déclaratif du droit d'occupation et de défense, mais attributif des actions par lesquelles elle s'exercera.

En ce qui concerne le dépôt des marques, nous ne saurions approuver les dispositions qui l'enlèvent au greffe du Tribunal de commerce du domicile du déposant.

La négligence que peut apporter le greffier à transmettre au ministre du commerce et de l'industrie l'exemplaire du dépôt ne peut être sérieusement invoquée alors qu'il est si facile d'édicter une sanction contre le greffier négligent.

Le dépôt central, avec tant de formalités à remplir, constituera une véritable entrave, tandis que sous l'empire de la loi actuelle, les intéressés reçoivent personnellement au greffe tous les renseignements qui leur sont nécessaires, ce qui pour eux atténue singulièrement les difficultés du dépôt.

ART. 6. — L'art. 6 ordonne que le dépôt soit publié dans les dix jours dans la feuille officielle affectée à la propriété industrielle.

Nous n'avons qu'une critique à formuler contre cet article, c'est que jamais les intéressés ne prendront connaissance de ce journal officiel tandis qu'ils se tiennent parfaitement au courant des publications locales contenant les déclarations de faillite, remises de fonds de commerce et autres avis intéressant leurs affaires.

La publicité ordonnée sera sans aucune valeur effective.

ART. 9. — Aux termes de l'art. 2 du projet sont considérés comme marque de fabrique, les noms sous une forme distinctive, les dénominations, étiquettes, vignettes, cachets, liserés, etc.

Si donc un fabricant par oubli, négligence, par une raison quelconque enfin, a laissé passer 17 ans sans renouveler son dépôt, il peut arriver qu'un concurrent habile s'empare de sa marque, de ses vignettes, de son nom même, de telle sorte qu'à son tour, ce premier déposant pourra être poursuivi comme contrefacteur, d'où cette conséquence que, contrairement au principe fondamental de la loi, le dépôt deviendrait attributif de propriété.

Nous exprimons donc le vœu que la commission, prenant en

considération les observations qui ne manqueront pas de lui être soumises de ce chef, examine s'il ne conviendrait pas plutôt, soit d'informer officiellement les déposants, soit tout au moins d'insérer un avis dans les publications locales. Faute de quoi il en résultera infailliblement des conséqnences graves pour les intéressés.

Art. 13. — La déclaration au Dépôt Central exigée par le second paragraphe de l'art. 13 comporte de grands inconvénients, et il n'est point téméraire d'affirmer que la généralité des commerçants se dispensera d'autant plus de remplir cette formalité que l'usurpation du nom commercial ou de la raison de commerce pourra être poursuivie, à la requête de la partie lésée, par application de l'art. 1382 du code civil.

Il y a en outre contradiction entre les deux premiers paragraphes de cet article. En effet, si la propriété d'un nom commercial ou d'une raison sociale appartient à celui qui le premier en a fait usage, en quoi alors la déclaration deviendra utile ?

Art. 14. — L'art. 14 nous paraît devoir être complété par un paragraphe supplémentaire.

On n'est pas sans avoir remarqué qu'à des époques à peu près périodiques, apparaissent certains industriels nomades, mettant en vente, à des prix qui semblent dérisoires, des marchandises étrangères, qu'ils présentent au public, d'abord comme françaises et de plus en usurpant la qualité de fabricant ou de commerçant dans une ville industrielle.

Ce genre de fraude n'est point prévu par les lois de 1824 et de 1857 et nous vous demandons d'émettre le vœu que l'art. 14 soit complété par une disposition interdisant à tout industriel ou commerçant de se dire, dans ses prospectus et factures, fabricant ou commerçant dans une ville industrielle où il ne possède aucun établissement et où il n'est pas même patenté.

Art. 18. — Nous ne voyons qu'une critique à formuler à l'art. 18, c'est l'entrave qu'il apporte à la liberté des conventions. Il peut se présenter telle circonstance où les contractants aient un intérêt effectif ou moral à la disjonction des apports.

Art. 32. — Les actions relatives aux marques sont avant tout des actions commerciales. Qui mieux que le juge consulaire peut apprécier le dommage causé par une similitude de marque ou de nom, les effets d'une concurrence déloyale, d'une contrefaçon, d'une usurpation ?

Dans l'espèce le magistrat civil ne peut se faire une conviction qu'à dire d'experts.

Les droits de tous seront d'autant mieux sauvegardés que les juges d'appel trouveront dans la sentence du premier degré des éléments suffisants d'instruction et d'appréciation pour conclure sainement en fait et en droit.

Nous pensons qu'il serait utile d'ajouter au projet de loi une disposition autorisant les industriels à déposer les dessins et modèles comme les marques, au greffe des Tribunaux de Commerce au lieu du secrétariat des conseils de Prudhommes.

Les intéressés ne s'expliquent pas la disjonction des dépôts au sujet desquels il se produit toujours une confusion.

Sous le bénéfice de ces observations, nous vous proposons, Messieurs, de donner votre approbation à l'ensemble du projet sous réserve d'émettre les vœux suivants :

1° Qu'il soit accordé liberté complète des marques sous la réserve des droits des tiers : la différence entre les deux marques étant sans utilité et ne protégeant nullement le consommateur.

2° Que le dépôt des marques soit maintenu au greffe du Tribunal de commerce de la circonscription en raison des facilités qu'obtiendront les fabricants de la région.

3° Que les dessins et modèles déposés actuellement au secrétariat des conseils de Prudhommes soient remis comme les marques au greffe du Tribunal de Commerce ;

4° Que l'art. 9 soit complètement transformé. Il nous paraît vraiment trop grave de frapper une marque de déchéance par suite d'une surprise ou simplement d'un oubli.

Quant à l'assimilation avec la déchéance qui frappe un brevet d'invention, elle ne nous paraît pas admissible. Celle-ci, en effet, profite à la généralité des consommateurs, tandis que la première ne profite qu'à un usurpateur.

5° Que l'art. 13 soit modifié dans un sens moins restrictif, la propriété du nom patronymique étant la plus sacrée de toutes.

6° Que l'art. 14 soit complété par l'adjonction d'une disposition interdisant à tout industriel de se dire, dans ses prospectus ou factures, fabricant ou commerçant dans une ville industrielle où il ne possède aucun établissement et où il n'est pas même patenté.

7° Que toute action relative aux marques, alors qu'elle n'est pas intentée correctionnellement, soit portée devant la juridiction consulaire qui sera plus expéditive et plus compétente pour apprécier le préjudice causé.

8° Que comme voie de conséquence, l'ordonnance visée par l'art. 33 soit rendue par le Président du Tribunal de Commerce.

La Chambre de commerce de Dijon approuve à l'unanimité les motifs et les conclusions du présent rapport, et décide qu'il sera envoyé à M. le Ministre du Commerce et de l'Industrie et à toutes les Chambres de commerce.

Dijon, imprimerie Darantiere, rue Chabot-Charny, 65

www.ingramcontent.com/pod-product-compliance
Lightning Source LLC
Chambersburg PA
CBHW060539200326
41520CB00017B/5301